Bem-aventurados
os simples

Waldo Vieira

Bem-aventurados os simples

Pelo Espírito Valérium

Copyright © 1962 by
FEDERAÇÃO ESPÍRITA BRASILEIRA – FEB

16ª edição – Impressão pequenas tiragens – 6/2025

ISBN 978-85-7328-765-3

Todos os direitos reservados. Nenhuma parte desta publicação pode ser reproduzida, armazenada ou transmitida, total ou parcialmente, por quaisquer métodos ou processos, sem autorização do detentor do *copyright*.

FEDERAÇÃO ESPÍRITA BRASILEIRA – FEB
SGAN 603 – Conjunto F – Avenida L2 Norte
70830-106 – Brasília (DF) – Brasil
www.febeditora.com.br
editorial@febnet.org.br
+55 61 2101 6161

Pedidos de livros à FEB
Comercial
Tel.: (61) 2101 6161 – comercial@febnet.org.br

Adquirindo esta obra, você está colaborando com as ações de assistência e promoção social da FEB e com o Movimento Espírita na divulgação do Evangelho de Jesus à luz do Espiritismo.

Dados Internacionais de Catalogação na Publicação (CIP)
(Federação Espírita Brasileira - Biblioteca de Obras Raras)

V256b   Valérium (Espírito)

     Bem-aventurados os simples / pelo Espírito Valérium; [psicografado por] Waldo Vieira. – 16. ed. – Impressão pequenas tiragens – Brasília: FEB, 2025.

     120 p.; 21 cm

     ISBN 978-85-7328-765-3

     1. Espiritismo. 2. Obras psicografadas. I. Vieira, Waldo, 1932–2015. II. Federação Espírita Brasileira. III. Título.

                               CDD 133.93
                               CDU 133.7
                               CDE 80.01.00

Sumário

Bem-aventurados os simples 9
1 — Destinos 11
2 — O efeito do amor 13
3 — Contrassenso 15
4 — Provações de amanhã 17
5 — Gaiola 19
6 — Observe os conselhos 21
7 — A conferência 23
8 — Alguns segundos 25
9 — Aflitíssima 27
10 — Desapontamentos 29
11 — Experiências 31
12 — No lado oposto 33
13 — Reação infantil 35
14 — Aparências 37
15 — No mourão da antiga cerca 39

16 — Pense e fale no bem 41
17 — Em tempo algum 43
18 — Lições ocultas 45
19 — Sobre nós 47
20 — Comece de casa 49
21 — Imperturbavelmente 51
22 — O banho esquecido 53
23 — Frente ao perigo 55
24 — Saber servir 57
25 — Na obra da luz 59
26 — O último dos mortais 63
27 — Acessório e essencial 65
28 — Algumas gotas 67
29 — Ante a epidemia 69
30 — Oásis que surge 71
31 — Em nome do coração 73
32 — Inconveniências 75
33 — Pensar no idioma 77
34 — Humildade 79

35 — Recusar 81

36 — No dilúvio de lixo 83

37 — Censuras 85

38 — Numismatas da caridade 87

39 — Contra a corrente 89

40 — O reino 93

41 — À frente dos superiores 95

42 — Vestido de lama 99

43 — A parte dos outros 101

44 — Cautela 103

45 — Antecipadamente 105

46 — Um dia 107

47 — A fonte 109

48 — Inúteis, absurdos, paradoxais 113

49 — A sinfonia do bem 115

50 — Justiça 117

Bem-aventurados os simples

E subindo ao monte, diante da multidão, o Cristo, acima de tudo, destacou aqueles que o seguiam, despojados da embriaguez gerada pelo vinho da ilusão.
E comoveu-se ao fitá-los...
Sim, todos eles estavam pobres, ainda os de cérebro culto e veste impecável.
Pobres de sutilezas...
Pobres de artifícios...
Desarmados de poderes terrestres...
Destituídos de ambições humanas...
Enterneceu-se Jesus, compreendendo que somente sobre eles, Espíritos exonerados da mentira e desenfaixados do personalismo inferior, é que poderia edificar as construções iniciais da Boa Nova e situou-os, em primeiro lugar, na glória celeste, proclamando:

— *Bem-aventurados os simples de espírito, porque deles é o reino dos Céus...* [1]

*

Pensando neles, os companheiros reencarnados, despretensiosos e sinceros, que desejam aprender com a verdade, Valérium escreveu este livro.

Entregando-o, pois, aos amigos de esperança firme e coração singelo, rogamos ao divino Mestre que nos faça a todos também simples, a fim de que nos identifiquemos com a grandeza simples do autor e nos coloquemos, igualmente, à sombra acolhedora da bem-aventurança.

EMMANUEL
Uberaba (MG), 31 de março de 1962.

---

[1] Nota de Emmanuel: no versículo 3, do capítulo 5, do evangelho segundo Mateus, a palavra do Cristo expressa-se nestes termos: "Bem-aventurados os pobres de espírito, porque deles é o reino dos Céus".

1
Destinos

A árvore generosa eleva-se à beira da estrada. Os viandantes que passam famintos e exaustos buscam-lhe os frutos.

E, no desvario de suas necessidades, atiram-lhe pedras.

Espancam-na com varas.
Sacodem-lhe os galhos.
Quebram-lhe as grimpas.
Talam-lhe as folhas.
Sufocam-lhe as flores.
Esmagam-lhe os brotos tenros.
Ferem-lhe o tronco.

Mas, a árvore, sem queixa nem revolta, balouçando as frondes, doa, a todos que a maltratam, os frutos substanciosos e ótimos de sua própria seiva.

Esse é o seu destino.

*

Também na estrada da existência onde você vive, transitam os viajores da evolução apresentando múltiplas exigências a lhe rogarem auxílio.

E, na loucura de seus caprichos, atiram-lhe pedras de ingratidão.

Espancam-lhe o nome com as varas da injúria.

Sacodem-lhe o coração a golpes de violência.

Quebram-lhe afeições preciosas, usando a calúnia.

Talam-lhe os serviços, com a tesoura da incompreensão.

Sufocam-lhe os sonhos nos gases deletérios da crueldade.

Esmagam-lhe as esperanças com as pancadas da crítica.

Ferem-lhe os ideais com a lâmina da ironia.

Todos, porém, sorrindo fraternalmente, aprendam com a árvore generosa a doar os frutos do próprio esforço, sem revolta e sem queixa.

*

Espírita, não estranhe se esse é o seu destino. Quando esteve humanizado entre nós, com amor incomum, esse foi o destino de Jesus, nosso Mestre.

2
O efeito do amor

O amigo de conhecido espírita, ao vê-lo ardentemente interessado em obras de caridade, admoestou-o, dizendo que ele, não espírita, desistira da beneficência, desde muito.

E alegava que todos os gestos de bondade que praticara somente haviam encontrado a secura como resposta. Sempre ingratos por toda parte.

O espírita, no entanto, chamou-o à rua e deu-lhe um osso para que alimentasse um cão de passagem.

O amigo, embora contrafeito, atirou a curiosa vianda para o animal, com marcante desprezo.

O cachorro aproximou-se da oferta, abocanhou-a, de leve, e saiu triste e desconfiado, com rabo entre as pernas.

O espírita tomou de osso igual para socorrer outro cão esfaimado na via pública.

Entretanto, mudou de jeito.

Chamou o animal com carinho humano. Dirigiu-lhe palavras amigas.

Alisou-lhe o pelo.

Afagou-lhe as orelhas.

E deu-lhe o bocado com as próprias mãos.

O animal abanou a cauda e permaneceu ao seu lado, contente, a lamber-lhe as mãos. E ambos os amigos anotavam, admirados, o efeito do amor no gesto beneficente.

*

Estenda, sim, o quanto puder, as obras de caridade. Contudo, ajudando alguém, é preciso saber como você ajuda.

3
Contrassenso

Alguém bate à porta principesca.
Ela, a dona da casa, atende.
Abre a porta e encontra pobre velhinho à frente. Andrajoso. Cansado. Feridento.
É um pedinte que roga auxílio.
Fria e insensivelmente, ela despede o visitante, dizendo nada ter que possa dar.
E volta resmungando à intimidade doméstica, maldizendo o infeliz.
— É malandro! — declara.
E acrescenta:
— Para vadios, só a cadeia.

Nisso, pequeno rato desliza-lhe pelos pés. Assustadíssima, clama por socorro. Chora. Fecha-se, superexcitada, em quarto próximo, a lastimar-se.

Bate-lhe o coração fortemente, as mãos tremem, a face está lívida e, por fim, depois de um copo d'água, procura o festejado gato de estimação para exterminar o camundongo.

*

Assim são muitas de nossas comoções.

Não vibramos ante os quadros dolorosos que pedem ajuda e agitamo-nos, agoniados, diante de incidentes banais.

*

Amigo, controle a sensibilidade, vigiando reações e policiando as ideias, para que o rendimento maior dos seus dias, à luz do Evangelho Vivo, seja realidade em seu caminho.

Recorde que muita gente na Terra enfeita gatinhos prediletos e se enoja diante de irmãos em luta.

E há milhares de almas outras que exibem clamorosa frieza ante os apelos do bem e mostram imensa emoção à frente de um rato.

4
Provações de amanhã

O moço estava melhor dos pulmões no hospital serrano em que se tratava.

Mas a notícia do jornal era de estarrecer.

O chefe da grande organização, a que o rapaz servia, seguira para a Europa, e o diário mencionava esta frase terrível, no corpo da notícia:

"Antes de viajar, o diretor despediu todos os empregados."

O doente suou frio.

Sem trabalho...

Desamparado...

Chorou.

Lamentou-se.
Buscou o leito, desarvorado.
Proclamou-se em falência.
Alarmou a casa de saúde.
Médicos preocupados observaram-lhe a piora.

Depois de quatro dias, extremamente febril, foi restituído ao lar, partindo da serra em ambulância por mostrar-se em condições gravíssimas.

Só então, em casa, veio saber que tudo corria bem e que ele fora até mesmo contemplado, com alta gratificação, para tratamento.

Apenas havia ocorrido um engano de imprensa. A revisão do jornal cochilara, porquanto a frase era outra:"Antes de viajar, o diretor despediu-se de todos os empregados."

*

Prepare-se para as provações que podem surgir amanhã. Conserve o Espírito sempre sereno e confiante.

5
Gaiola

Na sala faustosa, o pássaro triste e cabisbaixo está na gaiola enfeitada. O visitante entra, observa e pergunta ao dono da mansão:

Que tem o canário? Solte-o, meu amigo, ele está muito tristonho!

E o anfitrião responde, abrindo a porta do pequeno cárcere:

Veja, ele não sai... É canário de gaiola.

Aí foi criado desde que nasceu. Não sabe viver fora dela...

E fecha a portinhola da prisão do pássaro triste que, mudo e quieto, respira chumbado à gaiola enfeitada, na sala faustosa.

Quantas criaturas humanas existem iguais a esse pássaro?!

Pessoas criadas desde a infância na riqueza e no luxo vivem presas aos empréstimos transitórios do mundo, durante toda a existência na Terra e, mesmo depois da morte, não se desvencilham de seus antigos pertences e propriedades.

Por mais que lhes abram as portas da liberdade espiritual, não se sentem com força suficiente para desferirem o voo largo da independência, na amplidão das Esferas superiores...

E ficam chumbados à carne passageira, em suas gaiolas mentais de ouro, por muito tempo, muito tempo mesmo, ante o Grande Futuro.

*

Saiba assim, meu irmão, usar os empréstimos da vida, desapegando-se realmente do conforto escravizante, na certeza de que você chegou sozinho à estação do corpo e que sozinho há de sair dela.

6
Observe os conselhos

O distinto higienista, depois de examinar pobre homem doente, falou-lhe com severidade afetuosa:

— Já sei que o senhor é pai de família, responsável pela esposa e quatro filhos menores; entretanto, quero adverti-lo... É preciso que tome mais cuidado na defesa da própria saúde. Calafete as gretas que haja em sua moradia, contra o assalto dos "barbeiros" contaminados. Sirva água fervida às crianças. Fiscalize o banheiro, desinfetando os vasos em serviço. Noto que o senhor não tem preservado a própria residência. Basta uma observação superficial para que se veja o que fazem as amebas. Higiene, meu amigo, é preciso higiene em casa...

— Mas, doutor — replicou o enfermo, quando pôde, enfim, dizer alguma coisa —, nós não temos casa. Moramos, há quatro anos, debaixo da ponte velha.

*

Aproveite, enquanto é possível, os seus dotes materiais nas tarefas do bem e verifique os conselhos que você dá. Às vezes, muita gente, a quem você prega austeramente o heroísmo da virtude, está simplesmente com necessidade de pão.

7
A conferência

Convidado a fazer uma preleção sobre a crítica, o conferencista compareceu ante o auditório superlotado, sobraçando pequeno fardo.

Após cumprimentar os presentes, retirou os livros e a jarra d'água de sobre a mesa, deixando somente a toalha branca.

Em silêncio, acendeu poderosa lâmpada, enfeitou a mesa com dezenas de pérolas que trouxera no embrulho e com várias dúzias de flores colhidas de corbelhas próximas.

Logo após, apanhou da sacola diversos *biscuits* de inexprimível beleza, representando motivos edificantes, e enfileirou-os com graça.

Em seguida, situou na mesa um exemplar do Novo Testamento em capa dourada.

Depois, com o assombro de todos, colocou pequenina lagartixa num frasco de vidro.

Só então comandou a palavra, perguntando:

— Que vedes aqui, meus irmãos?

E a assembleia respondeu, em vozes discordantes:

— Um bicho!

— Um lagarto horrível!

— Uma larva!

— Um pequeno monstro!

Esgotados breves momentos de expectação, o pregador considerou:

Assim é o espírito da crítica destrutiva, meus amigos! Não enxergastes o forro de seda lirial, nem as flores, nem as pérolas, nem as preciosidades, nem o Novo Testamento, nem a luz faiscante que acendi... Vistes apenas a diminuta lagartixa...

E concluiu sorridente:

— Nada mais tenho a dizer...

8
Alguns segundos

O caminheiro solitário seguia, com fome, à margem do rio.

Nervoso e impaciente, ia censurando a tudo e a todos, por achar-se em penúria.

Caminhava devagar, quando viu algo na estrada chamando-lhe a atenção.

Uma cédula!

Abaixou-se e colheu o achado.

Uma nota de mil cruzeiros, enrolada e manchada.

Contudo, para surpresa sua, era somente a metade da cédula, que, apesar de nova, fora inexplicavelmente cortada.

Ainda mais irritado, amarfanhou o papel valioso e atirou-o à correnteza do rio, blasfemando.

Deu mais alguns passos à frente, seguindo pela mesma estrada, quando surpreendeu outro fragmento de papel no solo.

Inclinou-se, de novo, e apanhou-o.

Era a outra metade da cédula que, enervado e contrafeito, havia projetado nas águas.

O vento separara as duas partes; ele, porém, não tivera a paciência de esperar alguns segundos apenas.

*

Há sempre socorro as nossas necessidades.

No entanto, até para receber o auxílio da divina Bondade, ninguém prescinde da calma e da paciência.

9
Aflitíssima

A mulher estava aflitíssima...
Tremia.
Chorava...
Maldizia-se.
Afirmava-se infeliz.
Parecia haver arrematado todos os sofrimentos da Terra.
Nesse estado, apresentou-se ao dirigente da reunião espírita que exaltara a beleza da paciência e da resignação.
Instada a esclarecer o motivo da dor que a supliciava, declarou que fora ali pedir o concurso dos bons

Espíritos por achar-se aflitíssima com a perda de um dos seus lindos anéis, no valor de duzentos mil cruzeiros.

    O diretor da instituição passou a reconfortá-la. E, à medida que lhe reanimava a esperança, a senhora, dantes em desespero, asserenou-se, de rosto rubro, pois percebeu que o interlocutor, a falar-lhe com bondade e carinho, era um homem sem braços.

10
Desapontamentos

O homem ocioso repousara em excesso e perdera o sono.

Tentando dormir mais uma vez, recolheu-se em aposento isolado.

Depois de algum tempo, ressonava...

Respiração estertorosa.

Assobios estridentes.

Passa um quarto de hora.

Emitindo sons mais altos, acorda a si mesmo.

Levanta-se e sai, furioso, procurando o suposto responsável pelo desagradável ruído que o despertou.

*

Muitos atos das criaturas são semelhantes a esse.

Aspiram simplesmente ao sono do repouso falso.

E, quando despertam, contrariadas, para a realidade espiritual que as cerca, buscam, em desespero, alguém a quem possam incriminar por sua incúria e desgosto, mas encontram, invariavelmente, em si mesmas, as únicas responsáveis.

Assim ocorre nas pequeninas contrariedades da vida humana e nas grandes desilusões da vida espiritual, após a viagem da morte.

*

Não culpe a ninguém por suas frustrações, presentes ou futuras.

Ore, vigie e analise os próprios desapontamentos e verá que, ressonando na ociosidade e acordando na dolorosa vigília do arrependimento, o único responsável por eles é sempre você mesmo.

11
Experiências

O menino de olhar manso e roupa rasgada namora o bolo na vitrina do restaurante.

Cavalheiro bem vestido vai entrando, e o pequenino roga-lhe um pedaço.

O homem afasta-o, irritado, e transpõe a porta, buscando refeição.

Passa jovem mulher com grande bolsa a bambolear-se e o garoto volta a pedir.

Mas, inutilmente.

A moça nega-lhe o pedaço de pão de ló, falando em vadios e malfeitores.

Nisso chega um andrajoso mendigo e seu olhar cruza com o olhar do menino que nada lhe pede e continua contemplando o petisco.

O velhinho, condoído, procura algum dinheiro no paletó em frangalhos, compra um naco do bolo e, sorrindo, entrega a preciosidade à criança que, surpresa, agradece, comendo avidamente.

*

A justiça da reencarnação possibilita às almas o rodízio indispensável nas condições diversas da vida humana, para que os Espíritos experimentem todos os tipos de aprendizado; contudo, entendemos com mais segurança e nos predispomos a auxiliar com mais presteza o próximo, quando já passamos pelas mesmas dificuldades que o atormentam.

Bendigamos, assim, a provação que a Terra porventura nos apresente, porque apenas as duras experiências vividas nos ensinam a ajudar aos nossos irmãos em duras experiências, e somente auxiliando os outros é que seremos auxiliados.

12
No lado oposto

O homem vivia no sopé de elevada montanha.

Aplicara a existência estudando os meios de conquistá-la.

Fez projetos meticulosos.

Planejou a via de acesso.

Calculou os patamares da escalada.

Consumiu longo tempo.

Gastou dinheiro.

Selecionou o pessoal necessário ao grande feito.

Depois de ingentes esforços, sacrificando inúmeras vidas de companheiros e animais e perdendo vasta cópia de material no decurso de toda a existência, conseguiu atingir o tope.

Com surpresa, encontrou, lá em cima, toda uma nação de habitantes felizes, em plena comunicação com os vales imensos, através de primorosa estrada que haviam construído no lado oposto .

*

Assim tem sido a vida de muitos filósofos e teóricos na Terra.

Fazem estudos.

Traçam projetos.

Perdem fortunas.

Dissipam oportunidades.

Queimam a saúde.

Articulam hipóteses e problemas. Discutem.

Azedam as horas.

Fogem à cooperação e à fraternidade.

Mas, galgando as alturas da morte, analisam os gastos inúteis e a falta de objetividade dos esforços que despenderam, pois os planos de levantamento do caminho que buscavam tornam-se pueris e integralmente superados pelas criaturas de boa vontade que colocam proveito e serviço acima de contenda e conversa.

Como espírita, observe o que você procura.

Estude sempre, mas seja prático para que, além da morte, o frio e a sombra da inutilidade não lhe surjam à frente.

13
Reação infantil

A mãe zelosa e dedicada leva o pequeno ao banho.
Despe-lhe a roupa.
Mas o petiz começa a choramingar.
A jovem mãe procura acalmá-lo, imergindo-o na água pura.
Entretanto, o bebê prossegue incompreensivo. Desesperado, revolta-se contra a água, contra o frio, contra o sabão e, ele mesmo, impulsivo, esfrega espuma nos olhos, a debater-se, esperneante, afogando-se, quase.
Instantes após, a mãe satisfeita enxuga-lhe a pele rosada, com toalha macia.
Ele sorri, depois da crise, e descansa contente, enfim.

Assim tem sido, quase sempre, a nossa reação perante a dor.

Quando aparece a benfeitora divina, choramos, gritamos e esbravejamos e, não raro, quase nos sufocamos no desespero.

*

Tudo isso, porém, é reação infantil, descabida e forjada pela nossa própria inexperiência.

Quando a dor passa, saibamos todos, há sempre em nós a bênção da purificação e a felicidade da melhoria.

14
Aparências

Esse senhor vive com aparência impecável.
Cabelos penteados.
Barba feita.
Roupa distinta.
Sapatos lustrosos.
Dinheiro no bolso.
Depósitos bancários. Estômago saciado.
Vastos conhecimentos. Residência confortável.
Família constituída.
Ótima situação social.
Aparentemente, mostra ter tudo para ser feliz.
Mas não é.

Ele é portador de uma fístula em forma de chaga oculta a doer continuamente.

*

Esse é o retrato do homem comum. Aparentemente, mostra ter tudo para ser feliz. Mas não é.

Traz a fístula invisível da angústia em forma de chaga mental, entre a dúvida e o desespero a fustigar-te o Espírito continuamente. É um enfermo difícil.

E pouco lhe adianta a boa aparência, com a alma atribulada.

Mudem-se regimes políticos, alterem-se as condições de existência, conquistem-se novos planetas da Imensidade, transformem-se os estados de conforto passageiro... Ainda assim, a renovação exterior nada vale se a alma, em si, usando as ferramentas da vontade, não se dispõe a melhorar a si mesma.

*

Medite essa verdade e atenda à própria transformação moral para o bem, desde os mínimos atos de cada dia, para que a insaciedade e a inquietação não se façam pragas destruidoras de sua vida.

15
No mourão da antiga cerca

O crânio de boi estava enganchado no mourão da antiga cerca.

Feio. Sujo. Ressequido.

Um chifre fraturado. Outro chifre a retorcer-se.

O viajante aproximou-se, curioso e cismarento, censurando o mau gosto de quem colocara ali semelhante espantalho.

— Caveira de boi! Que coisa lúgubre! — monologou.

E adiantou-se com o propósito de atirá-lo a distância, quando despontou de uma das órbitas vazias a cabeça pequenina de um filhote de sabiá, assustadiço, pipilando, pipilando.

Admirado, o visitante inspecionou o outro lado da caixa de ossos e descobriu, ainda mais surpreso, que no recôncavo havia mimoso ninho, habitado por outros gárrulos filhotes.

Enternecido, recordou a orquestra dos sabiás que o despertavam no verão, e exclamou em voz alta:

— Ora, vejam! Deus situou aqui o lar dos meus pequenos companheiros!

E, respeitando o estranho abrigo, seguiu caminho afora...

Ainda mesmo nos aspectos mais desconcertantes da Natureza, a vida revela sabedoria.

Em razão disso, aprendamos a dignificar o patrimônio terrestre, enaltecendo em sentimentos e ideais, atos e palavras, o lado melhor de todas as coisas e de todos os seres, sem abatimento e sem pessimismo, pois a Glória divina, em toda parte, deita raízes na infinita Beleza e levanta-se, magnífica, nos pedestais do infinito Amor.

16
Pense e fale no bem

A calúnia pesava agora sobre o casal sem filhos.

O esposo ciumento sofria a pressão de cartas anônimas e, na oficina em que trabalhava, um outro companheiro deitava murmurações, a envenená-lo pelos ouvidos:

— Ela é máscara simplesmente.

"Não merece respeito.

"Eu a vi numa casa de perversão.

"Fuja dessa mulher."

Nesse dia, o marido sugestionável veio saber, por um colega maledicente, que um homem conversava em grande intimidade com ela à porta dos fundos.

Armou-se o infeliz, deixou o serviço e correu a vê-la e, porque não a encontrasse de pronto, em casa, saiu à rua, de ânimo azedo.

Por duas horas, que lhe pareceram longo tempo de agonia moral, procurou-a, através de ruas e praças, mentalizando quadros de estarrecer.

Suarento e dementado, voltou ao recanto doméstico. Notando sinais de que ela voltara, entrou de manso, pé ante pé...

Junto à porta cerrada do aposento, estacou e ouviu, surpreso, a voz da esposa, a repetir várias vezes: "meu amor", "meu carinho", "que alegria em ver-te", "até que enfim estamos juntos".

Furioso e irresponsável, o operário saca o revólver, vara a porta e, sem um segundo de meditação, descarrega a arma sobre o leito.

Só depois, tarde, porém, veio saber de tudo. A senhora, que em secreto distribuía a caridade, havia saído com seu velho tio e ganhara um cachorrinho, ao qual afagava, enternecida...

*

Sempre que os seus ouvidos forem chamados a notar supostos defeitos ou faltas dessa ou daquela pessoa, pense e fale no bem, na certeza de que o mal, seja ele qual for, não é digno de atenção, nem traz proveito algum.

17
Em tempo algum

Caíra a noite, e o viajante pedia socorro a Deus.
Sentia-se doente.
Longa fora a caminhada.
Doía-lhe o corpo.
Estava exausto.
Orando sempre, encontrou árvore acolhedora que lhe pareceu agasalhante refúgio.
No pé do tronco anoso, grande cova caprichosamente forrada de raízes era leito ao luar.
— Oh! — suspirou o viajor fatigado — Deus ouviu-me! Enfim, o repouso!
Ajoelhou-se e ia estender o manto roto no chão, quando verdadeira nuvem de maruins surgiu no assalto.

Picadas na cabeça, no rosto, nas mãos, nos pés...

E eram tantos os dardos vivos e volantes em derredor que o pobre recuou espavorido, para dormir ao relento, entre as pedras e espinheiros da retaguarda.

De corpo dorido, pensava desalentado:

— Tolo que sou de acreditar na oração! Estou sozinho! Nada de Deus!

Na manhã seguinte, porém, retomando a marcha, voltou à árvore do caminho e, somente aí, reconheceu, admirado, que a grande cova de que fora obrigado a afastar-se era a moradia de vários escorpiões.

*

Não descreia da prece em tempo algum. E, nos casos em que você encontre empecilhos para possuir o que mais aspira, guarde, entre aborrecimentos e provações, a certeza de que, muitas vezes, o que lhe parece uma situação invejável não passa de ninho enganador, em que se ocultam os lacraus da morte.

18
Lições ocultas

Fruto podre.

Fora pomo disputado, mas estava podre agora.

Transeuntes, ao darem com ele, torciam o nariz.

Censurava-se, à meia voz, a quem havia deixado ali, na rua, semelhante imundície.

— Fruto podre gera podridão. — diziam homens prudentes.

Mulheres que passavam referiam-se a desleixo. Crianças aproximavam-se e tocavam-no de leve, para atirarem com ele, de novo, ao chão, com desprezo evidente.

Nem os animais se sentiam tentados a incluí-lo na ração.

Mas veio o lavrador e tomou-o com bondade.

Cortou-lhe os envoltórios, dissecou-lhe os tecidos e apanhou-lhe as sementes, vivas e puras, enterrando-as no solo...

E, em pouco tempo, árvores vigorosas, nascidas do fruto menosprezado, erguiam-se da terra, carregadas de flores e frutos nutritivos...

*

Nossos erros são também como frutos podres. Vezes e vezes, quem passa olha para eles com ar de repugnância.

Quem os analisa, quase sempre amaldiçoa ou reprova.

Mas, se lhes buscarmos as lições ocultas, que existem quais as sementes nos frutos deteriorados, com elas construiremos caminhos outros no rumo da perfeição.

Todos somos lavradores da terra de nós mesmos. E a cultura perfeita de nossas experiências e destinos pede também que plantemos e replantemos.

19
Sobre nós

O cavalheiro, recém-chegado de vilarejo próximo, alugou casa confortável na cidade.

Mas só então veio saber que o inquilino anterior a deixara extremamente desgostoso.

Os vizinhos dos fundos desrespeitavam-lhe a moradia.

Água podre escorria-lhe pelo quintal.

Choviam calhaus, quebrando-lhe móveis e objetos de estimação.

Vidraças estilhaçadas e cercas arrombadas.

Os prejuízos eram enormes.

Inquieto, procurou um advogado e apresentou-lhe a questão, solicitando-lhe os serviços.

O causídico ergueu a fronte, inflamando-se na defesa.

E começou dizendo que, pelo exposto, os vizinhos do cliente deviam ser pessoas irresponsáveis, com grande coleção de crianças perversas, recomendáveis à ação policial.

Entretanto, quando terminou, indignado, as primeiras considerações do processo, o advogado verificou, com grande desapontamento, que a casa do vizinho referido era o lar dele próprio.

*

Anote os conselhos que você aplica, pois, em muitas ocasiões, a censura que dirigimos para a corrigenda é pedra moral caindo sobre nós mesmos...

20
Comece de casa

O grande benfeitor cristão desencarnado tivera adeus suntuoso.

Jornais falaram dele em necrológios brilhantes. Deixara somas enormes a diversas instituições de cultura e assistência social.

Milhões de cruzeiros à casa de fulana. Avultada doação ao instituto de sicrano.

À beira do túmulo, sentidos discursos foram pronunciados.

O herói da beneficência chorava de jubilosa emoção e começava a erguer-se em direção às Alturas, junto de numerosos amigos, quando o seu nome foi chamado aflitivamente. Alguém se lembrava dele, em tremenda agonia.

 Pressuroso, tornou à retaguarda para ver quem era, e viu, desapontado, a lavadeira que o servira, por mais de vinte anos, caída num catre, a morrer de fome.

*

 Analise a beneficência a que você se dedica. Se você não começa de casa, é possível que amanhã, quando se suponha em perfeita vitória, veja-se no dever de caminhar para trás, com imensa amargura no coração.

21
Imperturbavelmente

À passagem da ambulância buzinando ruidosamente, o transeunte comenta:
— Que pressa!
O menino fala:
— Belo carro, não?
O homem anota:
— O trânsito está impossível. Veja só que ambulância perigosa!
A senhora exclama:
— Coitado! Alguém está passando mal.
Entretanto, o motorista e os companheiros, em ação no veículo, nada escutam sob a estridência da sirena.

E a ambulância prossegue sempre, na ânsia de levar socorro, imperturbavelmente...

*

Assim também é a sua passagem diária pelo trânsito da vida.

Há quem lhe observa os passos, indiferente... Há quem lhe condena o trabalho...

Há quem lhe exalta a existência...

Há quem se compadece de você...

Contudo, que o barulho do serviço possa encobrir-lhe, sempre, a possibilidade de escutar as vozes marginais.

Cumpra o dever, ouvindo a consciência, e prossiga na decisão de servir imperturbavelmente...

22
O banho esquecido

O médico desencarnado foi trazido à reunião mediúnica, em que um círculo devoto lhe rogava uma prece e um passe, a benefício de uma criança doente.

O menino, prostrado, gemia triste, quando o amigo espiritual, instado pelos presentes, atuou pelas mãos e pela garganta do médium.

Rogou a Jesus que socorresse a criança.

Solicitou a cooperação do Plano superior.

Orou com extremada ternura.

Mostrou-se emocionado.

Comoveu os ouvintes.

Antes de despedir-se, porém, pediu sabão e, ainda incorporado, lavou carinhosamente o doentinho em grande bacia de água morna...

*

Não descure da fé, mas não despreze a assistência precisa. Ajude ao enfermo com a luz da oração, sem esquecer o dom do remédio.

O chão é abençoado pelo Sol, mas não produz sem o toque do arado.

23
Frente ao perigo

A simpática matrona, assustada, enchera-se de medo.
A tempestade rugia.
E a sua casa era pequena.
Choça humilde.
Estalava o teto frágil.
Tremiam paredes.
Temendo a morte por desastre do vento, saiu espavorida e asilou-se em fortificada residência vizinha.
Acolhida carinhosamente, foi instalada em confortadora poltrona na sala. Sorria, confiante e contente, sorvendo o chá fumegante, quando uma

faísca elétrica riscou o recinto e fê-la tombar, num golpe fulminante.

*

Guarde a lição e não se aflija frente ao perigo.

Conserve a serenidade, sejam quais forem as circunstâncias, porque a fé verdadeira vive brilhando no dever bem cumprido, e o dever bem cumprido não desconhece que, seja onde for, é preciso que estejamos atentos aos imperativos da Lei.

24
Saber servir

O companheiro estava realmente com fome.
Enunciada a necessidade que o constrangia, passou a receber o concurso das pessoas de boa vontade.
Diversos irmãos ofertaram-lhe viandas diversas.
Bife robusto.
Peixe enlatado.
Macarronada.
Arroz de forno.
Feijoada.
Legumes.
Ovos estrelados.
Panquecas.

Bolos vários.
Licores.
Frutas em calda.
Café forte.
O homem comeu de tudo, avidamente.
O resultado foi baixar ao hospital, com tremendo distúrbio gástrico, francamente ao lado da morte.

*

A fome da alma é igualmente assim.
Se alguém pede a você instrução, aprenda a servi-lo segundo as condições que apresente, porque, se a pretexto de ajudar, você lhe impinge toda a espécie de leituras e assuntos, de uma só vez, sem examinar-lhe a capacidade, é possível que você apenas consiga fazer-lhe, na mente, aflitiva intoxicação.

25
Na obra da luz

O poço foi cavado na terra firme.
Servia a todos, sustendo a vida em derredor.
Água límpida aos sedentos.
Água ao transporte para serviço a distância.
Água pura a limpeza.
Água canalizada à irrigação.
Certo dia, porém, o poço foi abandonado a si mesmo.
Desde então, poluiu-se-lhe a água, que secou, pouco a pouco.
Derruíram-se-lhe as paredes.

Caíram pedras dentro dele.

Atulhou-se-lhe o seio com folhas secas. Cresceram pragas em torno, ocultando-lhe a boca aberta.

Em breve tempo, o antigo poço transformou-se em sepulcro ignorado ou cilada permanente aos transeuntes incautos.

A grande fonte de vida tornou-se a grande armadilha da morte.

*

Tal é o destino da obra construtiva, impropriamente desprezada.

Tudo segue dignamente se perseveramos na tarefa edificante.

Alegria do suor respeitável.

Alegria da obrigação retamente cumprida. Alegria da vitória nas tentações.

Alegria da felicidade estendida a todos.

Mas, abandonada ao léu das circunstâncias, desajusta-se a máquina do serviço.

Tisnam-se os ideais.

Morrem as esperanças.

Cai o estímulo.

Enferrujam-se as peças da ação.

E, em pouco tempo, o que era tarefa florescente do amor é cova do egoísmo, provocando a queda e a desilusão de muitos.

*

Não se ausente da obra de luz e fraternidade a que você se dedica.

Quando o coração valoroso deserta do serviço começado no bem, o mal aparece em seu lugar.

26
O último dos mortais

O homem triste morava em pequenina água-furtada, na parte superior de velha casa em ruínas. Pardieiro sem dono. Paredões sem ninguém. Era tão pobre que podia comer somente algumas batatas por dia.

Sentia-se desditoso.

Supunha-se o último dos mortais.

Contudo, era firme na fé e orava, quase com orgulho, todas as noites.

"Deus de Bondade, dos aflitos da Terra sou o maior."

"Deus de Bondade, graças te dou por ainda me alimentar com algumas batatas por dia."

Dois anos passaram, quando, ao sentir-se mais aflito e mais infeliz, resolveu partir no rumo de outras terras.

Ele, que sempre saía na direção do quintal à procura das raízes que o sustentavam, desta vez saiu do lado oposto, no propósito de partir.

Ao descer o último aclive, ouviu vozes.

Alguém gemia, e voltou-se para ver.

Só então pôde verificar que um aleijado, em chagas, morava embaixo, sobre um leito de palha e lama, vivendo quase que somente das cascas de batata que ele atirava fora...

27
Acessório e essencial

O grande industrial mandara construir soberbo palácio que lhe servisse de residência.

Escolheu pequeno plato na serra.

Inspecionou a orientação geográfica.

Proibiu a entrada de humildes lavradores que lenhavam na região.

Isolou os bebedouros, impedindo que os viajantes cansados mitigassem a sede.

Selecionou a pedra e a ferragem, a madeira e as tintas empregadas na construção.

Vistoriou o mármore das portadas.

Revistou os ladrilhos dos painéis.

Consultou bombeiros e tapeceiros, estofadores e artistas.

Quando o magnífico edifício ficou pronto, passou a habitá-lo em companhia de esposa e filhos.

Entretanto, em breves horas, o proprietário enfermou gravemente, desencarnando dias depois.

Ele, que julgava prever tudo, esquecera-se de providenciar o exame da água que circulava na montanha. Estava contaminada por grande foco de tifo...

*

Repare as construções de sua própria existência.

Milhões de pessoas vibram de alegria nas ilusões do acessório e morrem, invigilantes, pelos descuidos do essencial.

28
Algumas gotas

No quarto modesto, o doente grave pedia silêncio.
Mas a velha porta rangia nos gonzos. Desaconselhável a reparação em momento daquele.
Tudo concitava a quietude.
Entretanto, na passagem do médico, nas idas e vindas do enfermeiro, no trânsito dos familiares e dos amigos respeitosos e mudos, eis a porta a chiar, estridente.
Aquela circunstância trazia, ao enfermo e a quantos lhe prestavam assistência e carinho, verdadeira guerra nervosa...
Contudo, depois de várias horas de apreensão e de alarme, chegou um vizinho e deitou algumas gotas

de azeite na antiga engrenagem, e a porta silenciou, tranquila e obediente.

*

A lição é singela, mas expressiva.

Em muitas ocasiões há tumulto dentro de casa, ante o barulho inconveniente nas dobradiças das relações.

Problemas complexos, conflitos, inquietações, abalos.

Entretanto, na maioria dos casos, você pode apresentar cooperação decisiva na extinção de toda discórdia...

Bastam algumas gotas de compreensão e de paciência.

29
Ante a epidemia

O pai, imensamente extremoso no afeto pelo filho único que a excelsa Providencia lhe confiara, assustou-se ante a epidemia de sarampo que grassava na cidade e tomou medidas urgentes para afastá-lo.

Chamou o jovem a conselho.

Adquiriu-lhe guarda-roupa extenso.

Deu-lhe várias cartas de recomendação. Indicou-lhe o balneário em que deveria descansar dos estudos, por dois meses.

Fez-lhe grande número de avisos.

Dotou-lhe a bolsa de vasta munição financeira.

O rapaz viajou, temendo a moléstia, mas, passados vinte dias, o pai amoroso recebeu a constrangedora notícia: o moço fora assassinado, por ligeiro desentendimento, numa luxuosa mesa de jogo.

*

Tenha sempre presente a coragem da fé. Viva confiante. Seja otimista.

A fé se reconhece pela conduta.

Vezes e vezes, fugindo ao que nos parece perigo, estamos simplesmente buscando irremediável desespero em queda maior.

30
Oásis que surge

O Saara requeima qual fornalha escaldante... Pedras e grãos de areia... Secura e desolação.
Monotonia de deserto.
Nenhuma ave.
Nenhum som musical.
Nenhuma gota d'água. Calor na terra e calor no espaço!
Sol abrasador; raios de enceguecer...
No entanto, enorme perfuratriz começa a funcionar...
Do seio do solo, abaixo da imensa camada de areia, a água brota pura e esguicha para todos os lados, alentando a vida em torno.

É o oásis que surge...

*

Eis aí a nossa imagem.

Somos realmente faltos de possibilidades boas e construtivas.

Aparentemente, mostramos apenas o brilho seco dos grandes conhecimentos.

Cérebro ilustrado.

Maneiras primorosas.

Palavra fina.

Observação contundente.

Significativa presença de irradiação cerebral. E tudo em derredor é secura, sarcasmo, convencionalismo, solidão...

Contudo, se usamos a perfuratriz da renúncia, em nós mesmos, na exaltação do bem dos outros, eis que se abrem os poços ocultos do coração.

Borbulha, vitoriosa, no chão de nosso destino, a água pura do amor.

Então, e só então, a nossa vida, onde estivermos, é uma ilha de felicidade no oceano da Bondade de Deus.

31
Em nome do coração

A dama extremamente humanitária estava de visita ao pavilhão de indigentes no vasto hospital quando o doente lhe pediu socorro.

Queixou-se dos médicos.
Queixou-se das enfermeiras.
Queixou-se dos porteiros.
Queixou-se dos faxineiros.
Tinha fome, muita fome.

— Ninguém me dá o que comer — repetia, choroso.

E acentuava:

— Como apenas água choca.

A senhora comoveu-se.

Fitando o ambiente, revoltada, chegou a dizer de si para consigo:

— Gente cruel! Que falta de caridade!

E perguntou ao internado o que desejaria comer naquele belo domingo de sol.

Encantado, o enfermo confessou, baixinho, que desejava um abacaxi.

A senhora foi à rua, comprou dois grandes abacaxis, ocultou-os num xale e voltou ao doente, que os devorou sob a proteção dela, às escondidas.

O enfermo, no entanto, era portador de enorme ulceração gastrintestinal e, horrivelmente intoxicado, foi conduzido ao necrotério no outro dia.

*

Pondere os seus impulsos de caridade, em que a queixa acompanha a rogativa. Não se deixe enganar pelas aparências, pois, quando o raciocínio se mostra distante, é possível favorecer o desastre em nome do coração.

32
Inconveniências

O jovem periodicamente brunia o revólver de alto preço.
Admirava.
Lubrificava.
Revisava.
Experimentava.
Um dia, alguém lhe perguntou:
Você é caçador?
— Não — respondeu.
— Para que tem a arma?
— Tenho nela simplesmente valioso objeto de estimação.
E guardou-a de novo.

Certa feita, repetia a operação da limpeza esmerada, quando movimentou irrefletidamente um dedo, e o revólver disparou, projetando sobre um dos seus pés a única bala guardada no tambor, obrigando-o à severa hospitalização de alguns dias.

*

A lição simples assinala a atitude de alerta que devemos sustentar para com tudo o que seja inconveniente.

Às vezes, por egoísmo ou por vaidade, conservamos conosco isso ou aquilo que nos garanta impressões favoráveis junto à maioria, em muitas ocasiões, enganada no campo dos preconceitos.

Entretanto, sempre chega o momento em que entramos no papel das vítimas do tiro pela culatra.

*

Espírita, irmão, não se esqueça, na experiência cotidiana, de que tudo aquilo que não serve, não serve mesmo.

33
Pensar no idioma

Quando o estudante busca aprender e praticar uma língua diferente da que lhe é própria pelo nascimento, esforça-se em disciplinas diversas.
Horário adequado.
Adaptação ao professor.
Ingresso em cultura estranha.
Consulta a novas autoridades.
Entretanto, para senhorear o idioma, não pode ater-se ao movimento de superfície.
Não adianta decorar-lhe o extenso vocabulário.
Não basta possuir-lhe a gramática.
Não vale apenas lê-lo com certa facilidade. Não é suficiente a capacidade de fazer traduções e versões.

É preciso conquistar a elaboração mental na língua e, portanto, pensar nela, sem o que todo o conhecimento respectivo far-se-á incompleto.

"Pensar no idioma" é "viver com ele".

*

Quando a criatura busca aprender e a praticar o Espiritismo, esforça-se igualmente em disciplinas diversas.

Frequência às reuniões doutrinárias.

Adesão aos princípios superiores.

Acesso a novos hábitos.

Estudo reedificante.

Entretanto, para assimilar o Espiritismo, ninguém pode permanecer nos movimentos de superfície.

Não adianta recitar-lhe os ensinamentos. Não basta reter-lhe os livros nobres.

Não vale apenas saber comentá-lo em palestras de salão.

Não é suficiente confessar-se alguém adepto apaixonado, por haver encanado uma perna ou aliviado essa ou aquela víscera doente.

É preciso mentalizar o Espiritismo e raciocinar com ele, sem o que toda a experiência espírita far-se-á incompleta.

*

Certifique-se de semelhante verdade e não faça da Doutrina Espírita um mapa de fenômenos em que você possa acreditar, mas sim um código de verdade que você pode, deve e precisa viver.

34
Humildade

O infeliz estava preso.
Sentenciado.
Passos medidos.
Movimentação controlada.
Entretanto, vivia aparentemente tranquilo. Assemelhava-se a um pássaro na gaiola.
Atitude humilde.
Voz humilde.
Olhar humilde.
Respostas humildes.
Reações de profunda humildade.

Veio o dia, porém, em que foi solto e, após algumas horas de liberdade, a poucos passos da prisão, revoltou-se, insultou, agrediu os semelhantes e cometeu outro crime.

*

Não suponha você que a humildade seja calma constrangida na cadeia da prova.

A pessoa encarcerada obedece a regulamentos ou sofre vexames.

A criatura doente permanece no leito ou agrava a própria situação.

Mas se você tem o direito de reclamar e não reclama, se você pode fazer o mal e procura estender o bem, então a humildade começou a acender em você a luz da sua divina glória.

35
Recusar

A visitante humilde chegou ao gabinete do distinto filantropo e, embora desapontada, pediu auxílio financeiro para uma operação de que se via urgentemente carecida e que só podia ser executada em grande metrópole.

O benfeitor, homem de largos haveres e reconhecidamente bom, era, apesar disso, apegado a preconceitos e, vendo a pedinte tão jovem, envergando o vestido lindamente estampado que lhe fora cedido por favor, prometeu cooperar.

No dia seguinte, mandou fazer sindicância. Cinco dias depois, recebeu o relatório. Tratava-se de pobre viúva sem ninguém.

Em seguida, recomendou que fosse a doente ao consultório de médico amigo.

O facultativo estudou as chapas radiográficas e confirmou a opinião de outros colegas.

Urgia a intervenção cirúrgica, inadiável.

O protetor, decidido a ajudar com a quantia solicitada, esperou a esposa ausente. Tinha receio de ser mal interpretado.

Após uma semana, a esposa regressa e ambos se dirigem, contentes, para o telheiro da viúva necessitada. Entretanto, ao descerem de luzido automóvel, depararam-se com um enterro de última classe. A enferma desvalida desencarnara na véspera.

*

Quando você estiver em condições de ajudar, não atrase o benefício.

Tenha em mente o antigo rifão que preceitua: "Dar tarde, é recusar".

36
No dilúvio de lixo

Entre vasta comunidade de lixeiros discutidores, a pedra rolava entre nauseantes detritos.

Aqui, era metida no balde, envolta em lama. Ali, era atirada à carroça que transbordava sujeira.

Além, era transladada a montão de imundície.

Acolá, era projetada ao mato agreste, onde se demorava largo tempo para depois vir à tona.

Por mais duros os golpes, não se quebrava...

Nem as pancadas do ancinho, nem as batidas da pá, nem a pressão das pedras em derredor, nem as unhas dos urubus à cata de alimentação no monturo conseguiram desfigurá-la.

Um dia, porém, experimentado ourives fitou-a, de relance, e apanhou-a, encantado...

Era um diamante perfeito, de sublime expressão, logo recolhido, com reverência, ao lugar que lhe era próprio...

*

Não se aflija e nem se encolerize se lhe despejam na estrada o fel da calúnia ou os calhaus da maledicência. Ainda mesmo encoberta no lodo das incompreensões humanas, a virtude é a virtude, como o diamante no dilúvio de lixo, é sempre diamante...

Consagre-se ao bem, onde você estiver, pois o divino Ourives não tardará em vir ao seu encontro e fará que você brilhe, em lugar próprio, no momento oportuno.

37
Censuras

O crítico de arte vinha habitualmente ao salão do escultor para examinar-lhe os trabalhos. Meses a fio ei-lo a inspecionar-lhe a obra de ceramista com rigorosa severidade.

Censor austero.

Observava linha por linha.

Profundo conhecedor de escolas e estilos.

Apontava deficiências.

Salientava inconveniências.

Protestava.

Reclamava.

Exigia.

Publicava suas opiniões, respeitadas e rígidas. Certo dia, assestou a lupa para grande prato de pêssegos e passou a enumerar os defeitos das frutas, alegando que a Natureza jamais as produziria assim, com tantos senões. Só depois de longos apontamentos técnicos ao escultor espantado, é que verificou que os pêssegos eram frutos autênticos, ali deixados por alguém para o lanche do artista...

*

Cautela com as censuras que lhe saem da boca. Muitas vezes, as longas advertências que dirigimos aos outros não passam de enganos criados por nossa própria imaginação.

38
Numismatas da caridade

Ele era numismata.

Sua coleção de moedas ascendia a muitas centenas de valores e procedências diversas.

Alguns milhões de cruzeiros.

Passava horas selecionando e arranjando as pilhas.

Certa manhã, em que se entretinha no passatempo predileto, bateram à porta.

Depois de ouvir três vezes as pancadas repetidas, ergueu-se da cadeira e foi atender.

Era andrajosa mulher, com dois filhos ao lado, conchegando o terceiro, recém-nascido.

Rogava auxílio.

Dizia-se sem recursos.
Os meninos curtiam fome.
Ele procurou desvencilhar-se.
A mulher insistiu:
— O senhor não tem pelo menos alguns trocados para matar a fome destas crianças?
Ele apalpou rapidamente os bolsos e afirmou, incisivo:
— Oh! nada! Nada tenho agora. Ficarei devendo... Depois, darei, depois...
Fechou a porta e foi cuidar dos milhares de moedas da coleção primorosa...

*

Assim somos, muitas vezes...
Numismatas da caridade...
Temos o suficiente para ajudar e fazer, socorrer e servir, mas, no momento justo, somos nós os primeiros a gritar que nada temos e que, para dar, só teremos depois...

39
Contra a corrente

Vai o homem descendo o rio caudaloso.
Nenhum esforço faz para seguir à frente.
As águas levam-no no influxo impetuoso, poupando-o das pedras e dos escolhos.
Com facilidade, ele avança, avança sempre, impelido rapidamente pelo bojo da massa líquida.
Força, situação e movimento a seu favor. Nada lhe é contrário.
Outro homem vem subindo o rio.
Em luta constante, movimenta os braços. Bate os pés. Respira fundo.

Cansa-se.
Consome-se, agoniado.
Esforça-se para não afundar.
Fadiga-se para sobreviver.
E avança contra o impulso das águas e os obstáculos.
Com dificuldade, ele nada, nada sempre, varando, pouco a pouco, a torrente poderosa.
Tudo lhe é contrário.

*

Esta é a vida do homem na Terra.
Descer a favor da corrente do mundo é sempre fácil.
E só deixar-se levar.
Acumpliciando-se sistematicamente com as ações da maioria.
Jamais se indispondo contra o erro.
Só dizendo "sim" para tudo e para todos.
Seguindo despreocupadamente, sem o exame dos próprios atos.
Boiando sempre, em menor esforço.
Mas, subir contra a corrente do mundo, é mais difícil.
É preciso valor para enfrentar a adversidade.
É necessário paciência para fugir aos erros de tradição.
É indispensável ser forte para tornar-se exceção no esforço maior.

*

Lembre-se de que, como espírita, em muitas ocasiões você deve estar contra a corrente dos preconceitos e prejuízos da convenção.

O caminho normal é viver com todos. No entanto, vez por outra é imperioso nadar em sentido contrário...

40
O reino

Sonhando possuir um filão de ouro, o sitiante vendeu a terra que possuía e saiu pelo mundo à procura do veio encantado.
    Peregrinou por várias plagas.
    Utilizou a picareta e feriu as mãos.
    Sofreu desencantos.
    Ruminou amarguras.
    Padeceu, chorou, torturou-se.
    Viajou e viajou...
    Encanecido e enfermo, em país diferente, à espera da morte, veio saber que, em sua antiga propriedade,

preciosa mina de ouro fora encontrada, estendendo riqueza a milhares de mãos.

*

Pense, amigo.
O tesouro da felicidade não reside a distância.
Rebrilha em você mesmo.
Basta fazer esforço, para saber encontrá-lo. Por isso é que Jesus disse repetidamente: "O reino do Senhor está dentro de vós".

41
À frente dos superiores

A senhora comparecia, pontual, na instituição beneficente, consolando os sofredores.

Aqui, oferecia bolos e frutas.

Ali, servia coquetéis de vitaminas, feitos em casa por ela mesma.

Depois, falava na paciência e na conformidade. Se um dos velhinhos internados pedia informes, respondia em voz doce e calma.

Se uma criança surgia choramingas, tomava o petiz nos braços e pronunciava frases de amor. E todos, ao vê-la, de semana a semana, definiam-na, atenciosos:

— Senhora humilde!
— A brandura em pessoa!
— Humildade perfeita!

Certo domingo, a inspetora de higiene veio ao pavilhão em que a dama se fizera extremamente benquista pelas virtudes que demonstrava e tomou providências gerais a benefício da casa.

Limpeza, mais água, janelas mais amplas e cooperação médica.

E, ao dirigir-se à humilde benfeitora dos enfermos, recomendando-lhe a limitação das guloseimas e outras medidas necessárias à disciplinação do ambiente, a interpelada, com surpresa geral, estourou em ditos ásperos...

Clamou que não era criada à frente de patrões, que não admitia interferências em seus gestos de caridade, que a inspetora, lhe pagaria caro o desrespeito e que representaria contra ela junto à administração do grande instituto, passando imediatamente da paciência e da bondade à discórdia e à perseguição...

*

Amigo, observemo-nos a nós mesmos.

Há muitos companheiros que sabem exercer a humildade irrepreensível diante dos que deles se aproximam em condições de subalternidade, mas, frente dos superiores, quando chamados pelas circunstâncias, a fim de renovarem as atitudes, explodem de inesperado, em crises terríveis de amor próprio ofendido, dando notícias do imenso vulcão de orgulho que se lhes afigurava completamente extinto no campo da alma.

42
Vestido de lama

O pedreiro estava vestido de lama.
Barro nos pés.
Barro nas mãos.
Barro na cabeça.
Barro ao derredor.
Montes de barro perto.
Todos os que passavam diziam, surpresos:
— Quanto barro neste homem!
— É muito barro!
— Como está sujo!
Mas, com o transcorrer dos dias, os que voltavam pelo mesmo caminho viram-no agora rodeado

de tijolos e telhas, madeiras e apetrechos de alvenaria, aproveitando todas as peças na construção de uma casa segura, nela passando a residir durante os anos em que viveu sobre a Terra.

*

No Planeta em que você vive, também há lama no corpo que você veste.

Lama no olhar.
Lama nos costumes.
Lama nos princípios.
Lama nos sentimentos.
Lama nas ideias.
Lama nas artes.
Lama nos caminhos.
Lama nas palavras.
Lama na posse.

Mas, que você faça como o oleiro: cozinhe a lama no fogo da purificação e construirá sua residência moral, nela vivendo em paz de consciência com a sua fé, até que a morte lhe estenda os braços de uma esfera superior.

43
A parte dos outros

Era músico integralmente consagrado à arte divina.
Apaixonado pelo estudo.
Engolfado nos exercícios.
Clarinetista respeitado.
Afinador exímio.
Certa feita, contudo, num grande concerto, embevecido na partitura, tocou sem qualquer propósito e absolutamente distante do papel musical que lhe competia, como se toda a música lhe pertencesse.
Convidado pelo maestro a abandonar o conjunto, indagou pela causa da pena que lhe era assim aplicada, recebendo esta resposta:

— O senhor está destruindo a peça por não respeitar as pausas e perturbar consequentemente a execução do trabalho indicado aos demais companheiros.

*

Não nos esqueçamos de que, em qualquer tarefa espiritual tanto quanto na orquestra, todos estamos interligados na disciplina. Cada qual de nós é instrumento com objetivos determinados.

Se você deseja realmente servir ao conjunto, aprenda a observar as notas e as pausas que lhe competem, a fim de que você não perturbe a parte dos outros.

44
Cautela

O chefe de família chegou a casa para a refeição vespertina e falou, apaixonadamente, sobre um incêndio criminoso ocorrido na cidade.

Referiu-se à argúcia do malfeitor que o provocara.

Explicou minudências.

Descreveu cenas emocionantes.

Empregou mímica particular.

Pintou esmeradamente o quadro do rapaz, usando gasolina para desencadear o desastre.

Em seguida, ausentou-se, em companhia da esposa, para os estudos e orações costumeiros no templo espírita que frequentava. Entretanto, depois de uma hora, foi chamado ao lar aflitivamente, pois o caçula da casa, um pequeno de oito anos, ateara fogo na residência, que ficou parcialmente destruída, copiando todos os pormenores da descrição.

*

Não olvide a cautela necessária nas referências em torno dos acontecimentos menos felizes.

Quem nutre conversações inconvenientes, pode ser falso profeta em seu próprio lar.

Rememore que o mal, a não ser quando deva ser corrigido, não merece comentário em momento algum.

45
Antecipadamente

Desde que se fizera espírita, a pobre viúva pedia serviço, em prece.

Aspirava a reunir-se ao Espírito do esposo, assassinado numa festa rural, e queria merecer essa ventura. Para isso, embora criticada pelos parentes, vivia, dentro dos seus recursos, promovendo assistência ao próximo.

Socorro aos doentes.

Culto do Evangelho nos lares necessitados.

Amparo aos recém-nascidos indigentes.

Auxílio às mães desditosas.

Agasalho aos anciães sofredores.

Granjeara, desse modo, justa popularidade na beneficência.

Certa manhã, infeliz rapaz enfermo lhe bateu à porta da casa. Pedia teto, consolação. Temia morrer só.

Apesar de censurada pelos familiares, a humilde senhora albergou-o entre os próprios filhos e velou por ele durante dois meses de atenção e sacrifício, até que, por fim, o doente desencarnou, cercado de amor.

Depois disso, quando a autoridade policial revistou os documentos do morto, a abnegada mulher foi informada de que o moço mendigo que lhe morrera nos braços tinha sido o assassino de seu próprio esposo.

*

Relembre o samaritano da parábola.

Ajude a todos sem distinção. Através do amor bem vivido é possível solucionar, antecipadamente, os grandes problemas do nosso futuro espiritual, construindo, sem perda de oportunidade e de tempo, as sublimes alegrias do Além.

46
Um dia

O candidato esperou o emprego por seis longos anos de privação, mas, um dia, os amigos entraram no assunto e ele obteve lugar digno numa repartição recém-inaugurada, que principiava a funcionar, com justa inexperiência.

Enfim o conforto doméstico e os vencimentos compensadores.

Ele, porém, em vez de trabalhar para agradecer, começou a censurar para ferir.

Anotava todas as falhas naturais.

Colecionava os desacertos do ambiente.

Imaginava desleixo aqui e ali.

Mentalizava a desonestidade.

Interpretava diversas providências por falcatruas.

E tanto denunciou os colegas que, um dia, as autoridades instauraram rigoroso inquérito, ao fim do qual a repartição cerrou as portas, com o aproveitamento de todos os funcionários antigos, em outros estabelecimentos, e com a demissão dele mesmo, que voltou desempregado para a rua.

*

Pense acuradamente na inconveniência da crítica sistemática e destrutiva.

Toda vez que estivermos criando dificuldades no caminho dos outros, em verdade estamos apenas trazendo maiores dificuldades para o nosso próprio caminho.

47
A fonte

A fonte de água pura flui, flui, sem cessar, dia e noite, noite e dia.

Serve a quem passa.

Lavradores exigem-lhe a presença, na rega, para que se faça a base do pão.

Jardineiros pedem-lhe ajuda, para alentar as flores.

Lavadeiras confiantes ofertam-lhe roupa suja.

Caminhantes extenuados e sedentos agradecem-lhe a bênção.

Outros lhe remexem o fundo, enlameando-lhe a face.

Outros, ainda, apedrejam-na, desalmados. Pássaros graciosos retemperam-se nela antes dos grandes voos.

Bois vigorosos sorvem-lhe as águas, granjeando forças para o serviço.

Árvores prestimosas buscam-lhe o néctar pelas raízes.

E a fonte corre incansavelmente, amparando e perdoando, asseando e nutrindo.

É irmã piedosa de todos.

Mensageira silenciosa do amor de Deus.

Igualmente, a fonte da mediunidade, com Jesus, flui, flui, sem cessar.

Serve a quem passa.

Semeadores da luz solicitam-lhe ingredientes do pão espiritual.

Espíritos amigos rogam-lhe auxílio para estenderem consolações.

Pessoas responsáveis pedem-lhe apoio na solução de amargos problemas.

Corações sofredores agradecem-lhe a intervenção.

Outros lhe agitam as profundezas na alma do médium, tentando misturar lodo humano e fulguração divina.

Outros, ainda, arremessam-lhe os calhaus da incompreensão e da injúria.

Almas afetuosas reconfortam-se junto dela, antes de novos passos na evolução.

Servidores abnegados bebem-lhe os ensinos para o trabalho.

Oportunistas exploram-lhe as energias, cultivando a própria astúcia.

Instituições veneráveis buscam-lhe a inspiração.

E a mediunidade com Jesus trabalha incansavelmente, auxiliando e desculpando, alimpando e sustentando.

É a companheira generosa de todos.

Emissária diligente do amor de Deus.

*

Médium espírita, alimentado no Evangelho, guarde com você o exemplo da fonte!

Ajude sem distinção onde puder, como puder e quanto puder e, ainda que o mundo lhe atire face baba e veneno, pedra e lama, continue a tarefa adiante, sem nunca desfalecer.

48
Inúteis, absurdos, paradoxais

Era o filho único do casal.

Criado com amor, porém com férrea disciplina, muito criança ainda, já se queixava da falta de liberdade.

Crescia, desse modo, revoltado, embora o constante carinho no lar.

Completando dezoito anos, fugiu de casa, abolindo as obrigações afetivas. Declarava-se tolhido e cansado.

— Vou viver a minha vida — afirmava.

E mudou-se para região muito distante, adotando até mesmo outro nome.

Os anos correram. Ele prosperou. Adquiriu maiores experiências. Ganhou abastança. Casou-se.

Conservava, no entanto, o velho e amargoso ressentimento contra os pais.

Ainda que desconhecesse qualquer notícia, perante a esposa dizia-se órfão.

Uma filha veio enriquecer-lhe a existência.

E, mais tarde, um filho também chegou...

Sentia-se feliz, realizado... Tudo fazia em favor dos filhos, amando-os com extremos de adoração.

Na idade madura, desencarnou, guardando ainda profunda mágoa para com os pais e cultivando profundo amor para com os filhos.

Ao chegar ao plano espiritual, entretanto, soube que os filhos eram seus próprios pais renascidos depois de haverem desencarnado em razão da dor incoercível a que se haviam entregado, diante da sua própria fuga.

*

São assim os rancores no coração humano: inúteis, absurdos, paradoxais.

49
A sinfonia do bem

Pobre tripa de porco.
Desprezada.
Escarnecida.
Abandonada ao monturo.
Causava repugnância.
Mas veio um artífice amigo e tomou-a com bondade.
Lavou-a.
Preparou-a, carinhosamente, como quem desejava ajudá-la a esquecer o passado.
E, dentro em pouco, a detestada tripa de porco, plenamente irreconhecível, convertia-se em cordas de um violino encantado.

Disciplinada sobre o tampo, obedecia aos sentimentos do artista e produzia música sublime, exaltando a grandeza da vida e enternecendo multidões.

*

Não dissipe o tempo lamentando os erros passados.
É possível que tenhamos cometido faltas graves.
É provável que estejamos incursos em débitos clamorosos.
Mas, se nos entregarmos às mãos dos Mensageiros divinos, aceitando com paciência e humildade as obrigações de nossa própria reforma íntima, em breve tempo, apesar de havermos sido criaturas extraviadas ou mesmo desprezíveis, podemos ser aproveitados na sinfonia do bem eterno.

50
Justiça

Deus é a Justiça Perfeita.
Não premia.
Não absolve.
Não reprova.
Não condena.
Cria a Vida e sustenta o Universo.
O Espírito, desde que se reconhece consciente, é o construtor do próprio destino.
Obedecendo à Lei, evolui e sublima-se.
Contrariando-a, estaciona e sofre.
Apenas a errônea interpretação dos fatos pode conduzir-nos a crer que somos castigados pela Providência excelsa.

O viajante atravessa a solidão gelada do Ártico.

Mas, desatento e invigilante, desarvora-se, vagueando sem rumo nas geleiras inóspitas.

Movimenta-se, agitado.

Desespera-se.

Blasfema.

Insurge-se contra Deus.

Revoltado, gesticula e grita em descontrole.

Nisso, desencadeia-se enorme avalancha. E, em segundos, o viajor solitário morre sufocado no sepulcro de gelo.

*

Aparentemente, o divino Poder ter-lhe-á punido a insubmissão. Entretanto, ele mesmo é o responsável pelo funesto acontecimento.

Gritando inconvenientemente, desarticulou as geleiras que lhe construíram a sepultura.

Também, à vista disso, é fácil reconhecer que nem todo acidente surge de causas passadas.

A imprudência e a rebeldia, o relaxamento e a temeridade geram desastres a qualquer hora.

Observe o que você faz, na certeza de que a responsabilidade dos próprios atos é unicamente sua, agora e eternamente.

Deus é o Pai de Justiça Soberana, e a Justiça Soberana é lei para cada um.

BEM-AVENTURADOS OS SIMPLES				
EDIÇÃO	IMPRESSÃO	ANO	TIRAGEM	FORMATO
1	1	1962	10.000	13x18
2	1	1966	5.066	13x18
3	1	1976	10.200	13x18
4	1	1980	10.200	13x18
5	1	1982	10.200	13x18
6	1	1987	10.200	13x18
7	1	1988	10.200	13x18
8	1	1990	10.000	13x18
9	1	1992	10.000	13x18
10	1	1994	10.000	13x18
11	1	1996	10.000	13x18
12	1	2000	5.000	13x18
13	1	2005	1.000	12,5x17,5
14	1	2006	1.000	12,5x17,5
15	1	2007	3.000	12,5x17,5
15	2	2010	2.000	12,5x17,5
16	1	2013	5.000	14x21
16	POD*	2021	POD	14x21
16	IPT**	2022	120	14x21
16	IPT	2023	150	14x21
16	IPT	2024	50	14x21
16	IPT	2024	76	14x21
16	IPT	2025	100	14x21

* Impressão por demanda
**Impressão pequenas tiragens

FEB editora
Livro espírita para um novo mundo
www.febeditora.com.br
@febeditoraoficial
@febeditora

Conselho Editorial:
Carlos Roberto Campetti
Cirne Ferreira de Araújo
Evandro Noleto Bezerra
Geraldo Campetti Sobrinho – Coord. Editorial
Jorge Godinho Barreto Nery – Presidente
Maria de Lourdes Pereira de Oliveira
Miriam Lúcia Herrera Masotti Dusi

Produção Editorial:
Elizabete de Jesus Moreira

Revisão:
Lígia Dib Carneiro

Capa:
Ingrid Saori Furuta

Projeto gráfico e diagramação:
Luisa Jannuzzi Fonseca

Foto de capa:
http://www.istockphoto.com/ Jeja

Normalização técnica
Biblioteca de Obras Raras e Documentos Patrimoniais do Livro

Esta edição foi impressa no sistema de Impressão pequenas tiragens, em formato fechado de 140x210 mm e com mancha de 100x155 mm. Os papéis utilizados foram o Off white 80 g/m² para o miolo e o Cartão 250 g/m² para a capa. O texto principal foi composto em fonte Minion Pro 13/16 e os títulos em Adobe Garamond Pro 26/28. Impresso no Brasil. *Presita en Brazilo.*